# SUEÑOS DE LA ISLA

JJ Hill    Marissa Rubin    Roberta Price

JMR PRESS

*Sueños de La Isla: Present Tense Version*
© Copyright 2013
JJ Hill, Marissa Rubin & Roberta Price
JMR Press

First Edition
ISBN 13: 978-0-9887638-0-7

JMR Press
773 609 3202
jmrpress.com

Cover art by Daria Corbett
Book design by Sarah Koz
Set in Electra, designed by William Addison Dwiggins in 1935

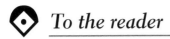# To the reader

As you read, refer to the lists of basic structures, baseball terms, cognates, and vocabulary included in this book to help you better understand the story. These lists have been composed to reflect the meanings used in the context of the book. We hope you enjoy the adventures of the Gómez brothers!

**USE THESE LISTS:**

### TO IDENTIFY SUBJECTS

yo   *I*

tú   *you*

él   *he*

ella   *she*

usted (Ud.)   *you*

nosotros, nosotras   *we*

ellos, ellas   *they*

ustedes (Uds.)   *you (plural)*

### TO SHOW POSSESSION

mi, mis   *my*

tu, tus   *your*

su, sus   *his, her, your, their*

nuestro, a, s   *our*

### TO ASK A QUESTION

¿Cómo?   *How?*

¿Cuál?   *Which? What?*

¿Cuándo?   *When?*

¿Dónde? ¿Adónde?   *Where?*

¿Por qué?   *Why?*

¿Qué?   *What?*

¿Quién? ¿Quiénes?   *Who?*

### TO SPECIFY

el, la, los, las   *the*

un, una   *a, an*

unos, unas   *some*

este, esta   *this*

estos, estas   *these*

ese, esa   *that*

esos, esas   *those*

algún, alguna   *some*

algunos, algunas   *some*

### TO INDICATE THE RECIPIENT OF AN ACTION

me   *me; to/for me*

te   *you; to/for you*

lo   *him, it*

la   *her, it*

le   *to/for him, her, you*

nos   *us; to/for us*

los   *them*

las   *them*

les   *to/for them, you*

#  Índice

Mapa

Vocabulario de béisbol

**CAPÍTULO 1** *La familia Gómez* . . . . . . . . . . . . . . . 1

**CAPÍTULO 2** *El hombre desconocido* . . . . . . . . . 8

**CAPÍTULO 3** *El buscón y la oportunidad* . . . . . . 15

**CAPÍTULO 4** *En el campamento* . . . . . . . . . . . . 21

**CAPÍTULO 5** *La tragedia* . . . . . . . . . . . . . . . . . 26

**CAPÍTULO 6** *El plan secreto* . . . . . . . . . . . . . . 34

**CAPÍTULO 7** *La mentira* . . . . . . . . . . . . . . . . . 41

**CAPÍTULO 8** *La sorpresa* . . . . . . . . . . . . . . . . . 46

*Cognados* . . . . . . . . . . . . . . . . . 51

*Vocabulario* . . . . . . . . . . . . . . . . . 55

*Información adicional* . . . . . . . . . . . 65

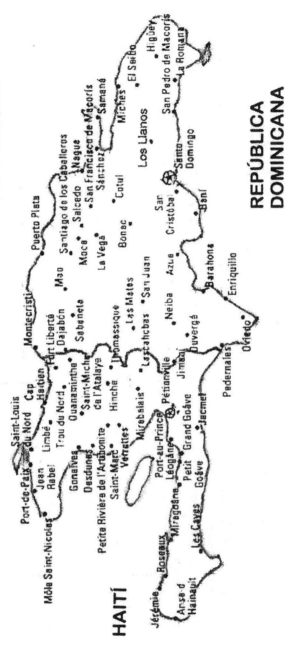

# ◆ *Vocabulario de béisbol*

Baseball first came to the Caribbean region when Americans went to Cuba in the 1860's. Later, immigrants from Cuba took this sport to the Dominican Republic and other islands. Several Dominican teams were formed in the late 1890's. The game continued to develop with the arrival of US troops in the early 1900's. Since that time, baseball has become the national pastime and pride of the Dominican Republic.

**atrapar**  *to catch*
**bases**  *bases*
**bate**  *bat*
**bateador**  *batter*
**batear**  *to bat*
**buscón**  *baseball scout*
**cácher**  *catcher*
**campamento**  *camp*
**campo**  *field*
**equipo**  *team*
**ganar**  *to win*
**golpear**  *to hit*
**grandes ligas**
   *big, major leagues*

**guante**  *glove*
**jonrón**  *home run*
**jit**  *hit*
**juego**  *game*
**jugar**  *to play*
**ligas menores**  *minor leagues*
**pelotero**  *player*
**pelota**  *ball*
**perder**  *to lose*
**pícher**  *pitcher*
**tirar**  *to throw*
**vitilla**  *Dominican version of
   street baseball*

# ◆ CAPÍTULO 1
## *La familia Gómez*

TODO EMPIEZA en la calle. Los hermanos Gómez siempre juegan al béisbol en la calle. Bueno, la verdad es que no juegan al béisbol. Juegan una versión del béisbol: juegan a vitilla. Cuando los niños juegan a vitilla, no usan un bate. No usan una pelota. Los niños usan un palo y una tapa de una botella de agua. Así juegan los hermanos Gómez. Así juegan todos los niños del barrio.

En la República Dominicana, el béisbol es el deporte nacional. La gente está obsesionada. La gente llama al béisbol, "la pelota". La gente juega a la pelota. La gente habla de la pelota. La gente va a los juegos de pelota. También la gente escucha los juegos en la radio. Muchos adolescentes dominicanos quieren ser peloteros profesionales. Quieren jugar en las grandes ligas de los Estados Unidos. Quieren ser famosos. Quieren ser Manny Ramírez. Quieren ser Vladimir Guerrero.

Los hermanos Gómez se llaman Marcos y Omar. Ellos viven en un apartamento con sus padres en Los Llanos. Es un pueblo cerca de la ciudad de San Pedro de Macorís. San Pedro de Macorís es una ciudad de doscientos mil habitantes. Está en la costa de la República Dominicana. Está cerca de la capital, Santo Domingo. San Pedro de Macorís es famoso por sus peloteros muy buenos. Muchos peloteros dominicanos en las grandes ligas de los Estados Unidos son de San Pedro de Macorís. También la ciudad es famosa por sus compañías de caña de azúcar. En San Pedro de Macorís, mucha gente trabaja en la industria de caña de azúcar.

El papá de la familia Gómez es empleado de una compañía de caña de azúcar. La mamá cuida la casa y cuida a sus hijos. Marcos tiene diecisiete años, y es el mayor de los dos hermanos. Es alto, moreno y tiene ojos de color café. Omar tiene dieciséis años. También es alto, moreno y tiene ojos de color café. La familia no tiene mucho dinero, pero es una familia feliz. Todos en el barrio conocen a la familia Gómez. Ellos siempre son muy amables con todos.

Los dos hermanos, Marcos y Omar, son mejores amigos. Estudian en el colegio juntos y juegan en la playa juntos. Tienen los mismos amigos, y, claro, siempre juegan a vitilla con sus amigos en la calle.

Todos los niños del barrio quieren jugar como los hermanos Gómez porque ellos tienen mucho talento. Marcos y Omar son expertos en la pelota, y juegan súper bien. Marcos es el pícher más famoso del barrio. Todos los niños lo admiran. Todos están emocionados cuando Marcos juega a vitilla. Marcos tira las pelotas muy rápido. Marcos tiene un brazo muy fuerte. ¡La gente lo llama "brazo de oro"!

Un día, los niños están jugando a vitilla en la calle. Marcos es el pícher. Cuando él tira una tapa muy fuerte, le pega al bateador en la cabeza. El pobre bateador se toca la cabeza con la mano. Después, empieza a llorar como un bebé. El pobre bateador tiene un golpe en la cabeza. El golpe está muy rojo, y tiene la forma de la tapa. Todos los otros niños empiezan a reírse. El pobre bateador se toca la cabeza con la mano otra vez, y se va a casa.

El otro hermano, Omar, también es experto en la pelota. Sabe tirar, golpear y atrapar la pelota muy bien. También le gusta correr rápidamente. Omar es el más rápido de todos los muchachos del barrio. Cuando los muchachos no juegan a vitilla, ellos corren por las calles y echan carreras. En las carreras, el muchacho que corre más rápido tiene mucha fama y el respeto de todos. Omar siempre corre muy rápido. Claro, ¡tiene más fama que todos los otros muchachos!

Otro día, todos los muchachos están mirando una carrera entre Omar y Paco. Paco es un muchacho muy atlético. Los dos muchachos corren muy rápido, y todos están emocionados.

Antes de la carrera, unos muchachos empiezan a gritar:

— ¡O-mar, O-mar!

Otros muchachos empiezan a gritar:

— ¡Pa-co, Pa-co!

Cuando la carrera empieza, los dos corren rápidamente. Omar está muy enfocado y quiere ganar. Pero, de repente, Omar ve a una muchacha muy linda. Ella tiene pelo largo y ojos muy bonitos. Cuando mira a la muchacha linda, Omar tropieza y se cae.

Todos los muchachos en el barrio empiezan a reírse cuando Omar tropieza y se cae. Omar tiene vergüenza. Todos empiezan a reírse porque Omar tropieza y se cae cuando ve a la muchacha linda. Omar no quiere perder. Tiene una idea.

Se levanta rápidamente. Ve a la muchacha, y le grita:

— ¡Oye, linda! ¿Cómo te llamas?

Obviamente, Omar no es tímido. La muchacha está muy sorprendida cuando ve a Omar. Ella le responde:

— Me llamo Carlota.

Carlota está nerviosa y empieza a reírse. Ella piensa que Omar es muy atlético y chévere. Omar también está nervioso, y empieza a reírse. Él quiere impresionar a la muchacha.

Al final, Omar gana la carrera. ¡Todos los muchachos aplauden y gritan! Después de la carrera, Omar ve a su hermano, Marcos. Marcos le dice a Omar:

— Omar, buen trabajo hoy. Paco es uno de los más rápidos, y tú siempre ganas. También, ahora tú conoces a una muchacha linda. ¡Impresionante!

Después, los dos hermanos ven a unos amigos en la calle. Ellos deciden jugar a vitilla. Mucha gente del barrio llega porque le gusta mirar los juegos. Las muchachas miran y hablan de los muchachos atléticos y chéveres. Las madres miran a sus hijos con emoción. Los hombres miran y hablan del béisbol. ¡A todos en el pueblo les encanta la vitilla!

Más tarde, los hermanos Gómez ven a un

hombre. Ven a un hombre desconocido. El hombre los mira cuando juegan. El hombre desconocido mira a los muchachos intensamente.

# ◈ CAPÍTULO 2
## *El hombre desconocido*

POR LA NOCHE en casa de los Gómez, la familia se sienta a la mesa para comer. ¡Todos tienen mucha hambre! La mamá les prepara un plato típico de la isla. El plato se llama el locrio dominicano. El locrio es un plato de arroz, carne y verduras. A todos les gusta.

La mamá les pregunta a sus hijos:

— ¿Qué pasa, queridos? Descríbanme su día.

— Pues, nosotros pasamos el día con amigos. Jugamos a vitilla y echamos carreras—le contesta Omar.

— ¡Sí! Omar es increíble. Corre muy rápido, y siempre gana. Ahora conoce a una muchacha linda también—le dice Marcos.

Todos comen. Les gusta la comida. El papá empieza a hablar:

— ¿Qué más, muchachos?

— Bueno—le contesta Omar—como siempre,

cuando jugamos a vitilla, hay mucha gente…

Marcos está emocionado e interrumpe:

— ¡Sí! Pero hoy, había un hombre desconocido
que nos miraba a todos nosotros. Nadie lo
conocía.

— Sí, él nos miraba a nosotros intensamente.

La mamá está preocupada y les dice:

— Queridos, ¿cómo es ese hombre? Descríbanlo.
Yo pienso que la situación es un poco extraña.

— Bueno, el hombre es bajo, moreno y gordito.

— Pienso que tiene unos cuarenta años. Nos miraba a nosotros intensamente —le contesta Omar.

— ¿Piensas que es un buscón profesional,
Omar? —le pregunta su hermano, muy
emocionado.

— Ni idea —le responde Omar —es posible.

Un buscón es un hombre que busca a jóvenes
talentosos. Busca a jóvenes para jugar en las ligas
profesionales en los Estados Unidos. A veces
los buscones son dominicanos. A veces son norteamericanos. Buscan a los mejores peloteros de

la República Dominicana. Los mejores peloteros van a los campamentos para jugar y practicar. En los campamentos, los buscones entrenan a los peloteros. Unos buscones trabajan para equipos norteamericanos que tienen campamentos en la República Dominicana. Por ejemplo, los equipos de Chicago y de Los Ángeles tienen sus campamentos en la República Dominicana. Muchos campamentos están en San Pedro de Macorís. Después, los mejores peloteros van a los Estados Unidos para jugar profesionalmente.

— ¡Eso es increíble! ¡Un buscón mira a mis hijos! —dice el papá, y está emocionado.

— Bueno, basta ya. Mañana hablamos — responde la mamá.

Los dos hermanos están muy cansados, y después se duermen rápidamente. Luego, la mamá le dice a su esposo:

— Yo estoy un poco preocupada porque un buscón mira a los muchachos. Tú y yo sabemos que Omar y Marcos son muy jóvenes.

Son jóvenes para jugar profesionalmente en los Estados Unidos. También, si ellos van a un campamento, no van a continuar con sus estudios en el colegio. Tú sabes bien que muchos jóvenes dominicanos quieren ser peloteros profesionales. No todos van a tener esa oportunidad.

El papá le responde:

— Nunca se sabe…Nunca se sabe…

El próximo día, los muchachos se despiertan. Se arreglan para el colegio. Omar está muy contento. Ahora él conoce a Carlota y piensa en ella. Está muy contento, y se arregla con mucha energía.

Primero, Omar va al baño. Allí, se baña con agua caliente y jabón. Se lava la cara, y se lava el pelo. Después, se seca el pelo, y se cepilla los dientes rápidamente. Se pone colonia y desodorante. Se pone sus jeans favoritos y una camiseta. Está muy contento. Se mira en el espejo. Empieza a cantar una canción romántica de Juan Luis Guerra. Piensa en Carlota. Agarra su cepillo, y usa el cepillo como micrófono. Canta, canta y canta más. Piensa en los ojos de Carlota cuando canta. Piensa en la voz de Carlota cuando canta. También piensa en la sonrisa de Carlota cuando canta.

La ventana del baño está abierta. Hay una brisa tropical. Los vecinos escuchan su canción romántica. Los vecinos lo escuchan cantar. Empiezan a cantar con él. En ese momento, Omar tiene vergüenza, y está rojo.

Omar y Marcos pasan el día en el colegio. Después de clases, los dos ven a sus amigos en la calle. Deciden jugar a la vitilla. Cuando los muchachos juegan, Omar ve a Carlota con sus amigas. Carlota ve a Omar también, y los dos están muy contentos. De repente, Omar ve al hombre desconocido. Otra vez, el hombre mira a los muchachos intensamente. Marcos está emocionado porque piensa que el hombre es un buscón profesional.

Después de jugar, el hombre habla con Omar y Marcos.

— ¡Oigan, muchachos! Uds. saben jugar muy bien—les dice el hombre.

Los muchachos escuchan atentamente, y el hombre continúa:

— Yo quiero presentarme. Me llamo Rodrigo González. Soy un buscón profesional. Escuchen, muchachos. Pienso que Uds. son muy talentosos. ¿Cómo se llaman?

— Pues, yo me llamo Marcos, Señor.

— Yo soy Omar. ¿Es Ud. buscón?

— Sí, soy buscón, y tengo un campamento cerca de San Pedro de Macorís. Yo entreno a los mejores peloteros de la isla. Estoy muy conectado. Conozco a muchos peloteros profesionales en los Estados Unidos. Aquí está mi tarjeta. ¿Puedo ir a su casa mañana? Quiero hablar seriamente con Uds. y con sus padres.

— ¡Sí, señor!— le grita Marcos—¡Qué buena idea! Nosotros vivimos cerca.

— Escriban su dirección. Yo llego a su casa

mañana a las ocho.

— Sí, sí. Está bien. Nos vemos mañana a las
ocho —le dicen los hermanos a Rodrigo
y se van.

Cuando caminan a casa, Marcos le grita:

— ¡Qué emoción, Omar! ¡Vamos a jugar en
los Estados Unidos! ¡Vamos a ganar mucho
dinero! ¡Vamos a ser famosos! ¡Vamos a ser
como Vladimir Guerrero!

Omar empieza a reírse un poco. Pero, mira a
Marcos, y le dice seriamente:

— Bueno, Marcos. No es muy fácil.

Marcos no lo escucha. Empieza a gritar:

— ¡Yo soy el mejor pelotero del mundo!

Los hermanos caminan a casa. Cuando llegan,
les explican todo a sus padres.

# ◈ CAPÍTULO 3
## *El buscón y la oportunidad*

EL PRÓXIMO DÍA, Omar y Marcos están emocionados cuando el buscón, Rodrigo González, llega a su casa. Cuando Rodrigo entra, todos se sientan a la mesa. La mamá les sirve habichuelas con dulce. Es un postre muy típico de la República Dominicana. La mamá le dice sinceramente:

— Bueno, Señor. Mis hijos dicen que Ud. es un buscón profesional.

— Pues, sí, Señora. Soy Rodrigo González. Tengo mi propio campamento de béisbol. Gracias por la oportunidad de hablar con Uds.

— Gracias a Ud., Señor González—le dice el papá—Yo sé que mis dos hijos tienen mucho talento. ¿Cómo conoce Ud. a Marcos y a Omar?

Rodrigo le explica:

— Cuando sus hijos juegan en la calle, siempre estoy muy impresionado. Mi trabajo es buscar y encontrar a los mejores peloteros de toda la República Dominicana. Yo viajo mucho, y paso por muchos pueblos. Yo busco a los mejores peloteros. Yo los entreno en mi campamento. Todos saben que San Pedro de Macorís es famoso por sus expertos en la pelota. Vladimir Guerrero es de aquí; Alfonso Soriano es de aquí. Los dos tienen mucho éxito en las grandes ligas en los Estados Unidos.

— Yo comprendo—dice la mamá—pero muchos niños de aquí son pobres. Aquí se juega en la calle sin zapatos. Se juega sin bates. Se juega sin pelotas. ¿Por qué son mis hijos candidatos perfectos para las grandes ligas? Ellos sólo juegan con un palo y una tapa de una botella de agua.

— Señora—le explica el buscón—yo reconozco el talento natural. No se necesita unos zapatos muy caros para correr rápidamente; se necesita la velocidad. No se necesita una pelota oficial para ser un pícher muy bueno; se necesita un brazo de oro. Sus hijos tienen mucho talento, Señora Gómez.

El papá le dice:

— El hombre tiene razón, mi amor. Ellos deben tener la oportunidad de realizar sus sueños. Cuando tienen éxito, ¡van a estar contentos!

— Perdone, Señor —le dice la mamá— pero yo tengo unas preguntas. ¿Cuál es su plan para los muchachos? ¿Cómo es el campamento? ¿Tenemos que pagar? ¿Van a continuar sus estudios?

— Mire, Señora —le explica Rodrigo— el campamento está cerca de San Pedro de Macorís. Está muy limpio, y los muchachos duermen allí. Durante el día, juegan a la pelota. Van a clases todos los días también. Comen juntos en la cafetería. La comida es muy buena. Sus hijos van a estar muy contentos allí.

— ¿Tenemos que pagar?— le pregunta el papá.

— No se preocupen Uds. El campamento les
da los bates a los muchachos. Les da los
guantes. Les da la comida. Uds. no tienen
que pagar mucho.

Entonces, los Gómez están contentos porque
no tienen mucho dinero.

— ¡Imagínense Uds.!—les dice Rodrigo—
Cuando sus hijos tienen éxito, ellos van
a tener mucha fama. Van a tener mucho
dinero. Van a tener la atención de muchos
fans. Cuando tienen éxito, sus hijos van a ir
a los Estados Unidos. Mi campamento es el
primer paso de su sueño. No se preocupen…
todo va a estar muy bien.

— ¡Por favor, mamá! ¡Nosotros queremos ir!—
le grita Marcos.

Omar también le dice:

— El dinero va a ayudar a la familia.

La mamá continúa:

— Estoy un poco preocupada. Pero, si Uds.

realmente quieren ir al campamento, está bien.

La mamá mira al Señor González y le dice:

— Estoy nerviosa, pero cuide bien a mis hijos, por favor.

El próximo sábado, los dos hermanos salen a la calle. Quieren ver a sus amigos, y quieren hablar con ellos. Cuando ellos hablan, ¡Omar ve a Carlota otra vez! Carlota está con su grupo de amigas en la calle. Ella está muy linda, como siempre. Omar quiere hablar con ella y le dice:

— Hola, Carlota. ¿Me recuerdas? ¿Qué tal?

— Sí, Omar. Estoy bien. Todos están hablando de ti y de tu hermano. Uds. van a un campamento, ¿verdad?

— Sí, es verdad. ¡Cómo vuelan las noticias! ¡El buscón dice que vamos a jugar a la pelota en los Estados Unidos! ¡Dice que vamos a ganar mucho dinero! Yo pienso que es una oportunidad muy buena para mi familia.

— Omar, yo no te conozco muy bien. Pero,

todos saben que es muy difícil tener éxito en los Estados Unidos.

En ese momento, Marcos llega y les dice a los dos:

— ¡Claro que nosotros vamos a jugar en los Estados Unidos! ¡Claro que vamos a ganar mucho dinero! Yo soy el mejor pelotero de la isla, y mi hermano siempre tiene éxito. ¡No hay problema!

Cuando escuchan eso, Omar y Carlota empiezan a reírse. Omar le dice a Carlota:

— Escucha, nos vamos pronto al campamento. Quiero tu número de teléfono. ¿Puedo llamarte?

Con una sonrisa grande, Carlota escribe su número, y le da el papel a Omar.

# ◈ CAPÍTULO 4
## *En el campamento*

**LLEGA EL DÍA** de ir al campamento. Los dos muchachos les dicen adiós a su mamá y a su papá. Ellos están muy emocionados. Sus padres están un poco preocupados, pero también están contentos. Los muchachos no tienen muchas cosas, pero Omar tiene el número de teléfono de Carlota. Omar quiere hablar con ella. Marcos quiere ser famoso.

El autobús va al campamento. En el campamento, Omar y Marcos ven a muchos muchachos jugando a la pelota. De repente, ven a Rodrigo González, el buscón. Rodrigo tiene una sonrisa muy grande y les dice:

— ¡Hola, muchachos! ¡Bienvenidos! Vengan aquí. Vamos a ver el campamento.

Cuando los muchachos entran en su nuevo cuarto, hace mucho calor. Hay unas camas, pero no hay mucho espacio. Los muchachos ponen sus cosas en las camas, y todos van a ver el campamento.

Primero, van a la cafetería. Rodrigo les dice con una sonrisa:

— Aquí se come todos los días. También se sirve la mejor comida de toda la isla.

Después, ellos van a los salones de clase para ver dónde van a estudiar. Finalmente, van al campo para ver dónde van a practicar. Rodrigo les dice:

— Por la mañana Uds. juegan cuando no hace mucho calor. Juegan otra vez después de comer cuando está más fresco.

Marcos y Omar ven a otros muchachos que corren, tiran la pelota y batean. Omar está un poco nervioso cuando ve a los otros muchachos. Ellos también tienen mucho talento.

Pero, Marcos piensa:

— Yo soy el mejor de todos. ¡No hay problema! ¡Esto es increíble!

En el campamento, los muchachos tienen una rutina muy estricta. Se levantan a las seis y comen. Después, todos entrenan por muchas horas. Corren y practican con los peloteros de la misma posición. Los píchers entrenan juntos. Los cáchers entrenan juntos. Los bateadores entrenan juntos. Después, siempre hay juegos muy competitivos. Todos los muchachos tienen el mismo sueño. Quieren impresionar a los buscones y jugar en las grandes ligas.

Durante el día los muchachos toman clases. En las clases, los muchachos aprenden el inglés, la nutrición y las costumbres de los Estados Unidos. En la clase de inglés, los muchachos aprenden unas expresiones comunes de béisbol. Los maestros les dicen, por ejemplo, *Home Run!*, y todos los muchachos dominicanos repiten, *¡Jon-rón!* Los maestros también les dicen, *Good hit!*, y todos repiten, *¡Gu jít!* Los maestros también les dicen, *Strike out!*, y todos repiten, *¡Estrike out!* Es un poco difícil pronunciar el inglés, pero los muchachos quieren aprenderlo. Marcos se imagina en un estadio grande con muchos fans gritando su nombre, ¡Mar-cos, Mar-cos!

Marcos quiere ser rico y famoso, pero su hermano quiere hablar con Carlota. Le gusta hablar con ella por teléfono todos los domingos.

Un domingo, Omar llama a Carlota. Ella siempre está contenta de escuchar su voz. Empiezan a hablar:

— ¿Aló?

— Hola, Carlota. Es Omar.

— ¡Omar! ¿Cómo estás? ¿Cómo está todo en el campamento?

— Está bien, pero es mucho trabajo. Hablamos y practicamos la pelota todo el día. Los otros muchachos son buenos, y hay mucha competencia. Hay mucho estrés, pero me gusta. Y tú, ¿qué tal?

— Yo estoy bien. Estoy emocionada porque estoy leyendo el libro *En el tiempo de las mariposas* en inglés. Yo sé la historia de las hermanas Mirabal. Ahora quiero leer el libro en inglés. Quiero aprender el inglés muy bien.

— Ahhh…¡Qué buena idea! Si tú hablas bien
el inglés, puedes ayudarme en los Estados
Unidos, ¿no?

Los dos empiezan a reírse. A Carlota le gusta
mucho la idea. Omar continúa:

— ¿Sabes qué, Carlota? Tengo una pregunta
importante para ti…

— ¿Cuál es?

— Pues…es que…este…bueno, ¿quieres ser
mi novia?

— ¡Sí! ¡Quiero ser tu novia!

Los dos empiezan a reírse otra vez. Omar le
dice:

— ¡Estoy muy contento! Quiero hablar contigo
más, pero me tengo que ir. Te llamo en una
semana, mi amor.

# ◈ CAPÍTULO 5
## *La tragedia*

**EL PRÓXIMO DÍA,** los muchachos están entrenando en el campamento. De repente, Omar ve a un muchacho joven fuera del campamento. Es moreno, alto y muy flaco. Su ropa está sucia y vieja. También él está solo. El muchacho mira a los otros mientras juegan a la pelota. Los otros no saben quién es. Ellos corren y juegan como siempre.

A la hora de comer, los muchachos entran en la cafetería. Tienen hambre. Recogen su comida. Marcos y Omar se sientan cerca de la ventana. Empiezan a comer. Omar ve al mismo muchacho por la ventana. Omar le dice a su hermano:

— Marcos, ¿ves tú a ese muchacho allí? Está solo.

— Sí. Yo lo veo.

— ¿Qué hace? ¿Por qué está solo?

— Ni idea. Es obvio que no es del campamento.

A Marcos no le importa mucho el muchacho.

Omar, sí, quiere conocerlo. Omar sale de la cafetería con pan y una botella de agua en su mano. Habla con el muchacho.

— ¡Oye! ¿Qué haces por aquí?

— Nada. Perdona…es que…yo sólo estoy mirando. Tengo mucha sed. ¿Tienes agua?

— Sí, sí. Toma este pan también.

El muchacho empieza a comer rápidamente. Omar quiere saber más. Le pregunta:

— ¿Vives tú por aquí?

— No. La verdad es que yo soy de Haití.

— ¿Haití? —grita Omar— ¡El terremoto! ¿Qué pasó?

— Pues, fue horrible.

— ¿Estás aquí con tu familia?

— No, yo estoy solo.

— ¿Cómo llegaste tú al campamento?

— Pues, no había ni agua ni comida en mi pueblo en Haití. Así que, yo salí. Yo caminé y caminé. Tomé varios autobuses y también un camión.

— Y ahora, ¿dónde duermes por la noche?

— Yo duermo en la calle.

— Tienes hambre y sueño, ¿no?

— Sí, es verdad. Yo tengo mucha hambre y mucho sueño.

— Bueno, yo soy Omar. Ven conmigo a la cafetería. Hay más comida allí.

— Gracias. Yo soy Maurice.

Los dos muchachos caminan a la cafetería. No hay nadie allí. Los otros muchachos están en sus cuartos. Omar busca más comida para Maurice en la cocina. Encuentra un poco de arroz y habichuelas. Omar le da el plato de comida a Maurice. Los dos muchachos se sientan a la mesa. Maurice empieza a comer rápidamente. Omar quiere saber más. Le pregunta:

— Maurice, si tú eres de Haití, ¿por qué hablas español muy bien?

— Pues, mi mamá era de Haití, pero mi papá era dominicano. Yo hablo tres idiomas: español, francés, y criollo.

— ¿Dónde está tu familia?

— Pues, mi mamá y mi papá se murieron en el
terremoto—le dice Maurice con tristeza—
y ahora no tengo familia. Entonces, yo salí
de mi pueblo para buscar ayuda. Necesito
comida. También quiero encontrar a mi
familia dominicana.

— ¿Tu familia se murió? Lo siento, Maurice.
Yo quiero ayudarte.

— Gracias. Yo estoy triste y también muy can-
sado. Gracias por la comida.

Maurice empieza a salir cuando Omar tiene
una idea:

— Un momento, Maurice. Quiero hablar con
Rodrigo. Es posible que tú puedas quedarte
aquí en el campamento. Ven conmigo. Vamos
a hablar con Rodrigo.

Los dos muchachos empiezan a caminar.

— ¿Quién es Rodrigo?—le pregunta Maurice.

— Rodrigo es el director de este campamento
de béisbol. Mi hermano y yo vivimos aquí y

entrenamos. Queremos jugar en las grandes ligas en los Estados Unidos. Estamos en el campamento para practicar. ¿Sabes jugar a la pelota?

— No. En Haití no se juega a la pelota. En Haití se juega al fútbol. Pero a mí me gustan todos los deportes. Yo soy atlético.

En ese momento, los dos muchachos van a la oficina de Rodrigo. Rodrigo abre la puerta, y Omar le dice:

— Hola, Rodrigo. Éste es Maurice. Él es de Haití, y tiene noticias horribles. Toda su familia se murió en el terremoto. No tiene una casa.

Rodrigo está confundido, y quiere saber más. Le pregunta:

— ¿Eres de Haití? ¿Por qué estás en la República Dominicana? ¿Por qué estás en mi campamento de béisbol?

— Pues, mi familia se murió, y ahora yo no tengo nada. Estoy aquí porque quiero encontrar a mi familia dominicana.

Entonces, Maurice está muy triste y no puede hablar más. Omar continúa:

— Rodrigo, Maurice no tiene nada. Su familia se murió. Ahora no tiene ni familia ni comida. ¿Puede quedarse Maurice aquí en el campamento?

— ¿Qué dices? ¿Hablas en serio? ¿Un haitiano aquí en el campamento? No es posible. Maurice no puede quedarse aquí.

— ¿Solamente unos días?

— No. Aquí en mi campamento no se permiten los haitianos. Yo repito. Maurice no puede quedarse en este campamento.

Los dos muchachos salen de la oficina de Rodrigo en silencio. Omar está enojado. No puede creer la reacción negativa de Rodrigo. Mientras Maurice está afuera, Marcos llama a Carlota, y le describe todo.

Carlota escucha y quiere saber más de Maurice. Le dice a Omar:

— ¿Maurice no puede quedarse allí?

— No. Rodrigo dice que no.

— Escúchame, Omar. Este muchacho no tiene nada. Su familia se murió. Tú tienes que ayudarlo...

Después de su conversación con Carlota, Omar y Maurice van al cuarto donde está su hermano. Omar le dice:

— Oye, Marcos, ¿recuerdas a este muchacho?

— Sí—le responde Marcos.

— Hola, soy Maurice.

— Maurice es de Haití—le explica Omar—y sufrió mucho en el terremoto. Hablamos con Rodrigo. Estoy enojado porque él dice que Maurice no puede quedarse en el campamento.

— Pues, en mi opinión, Rodrigo tiene razón. Maurice no es pelotero. No es de aquí—le contesta Marcos.

— Pero, nosotros tenemos que cuidar a Maurice. Tenemos que darle comida. Tenemos que ayudarlo —dice Omar.

— Omar, ¿cómo es posible? Rodrigo dice que no puede quedarse. ¡Tú estás loco, hermano! ¡Rodrigo va a estar enojado! —le grita Marcos.

Entonces, Marcos sale rápidamente del cuarto.

Omar le dice a Maurice:

— Lo siento, Maurice. Escucha mi idea. Mientras nosotros practicamos, tú puedes quedarte aquí en mi cuarto. Tú puedes leer, escribir o dormir. También puedes comer aquí en el cuarto. Yo voy a hablar con los otros peloteros. Quiero ayudarte. Ahora me tengo que ir a clase. Nos vemos más tarde.

— Muchas gracias por tu ayuda, Omar.

— No hay problema. Nos vemos pronto.

# ◈ CAPÍTULO 6

## *El plan secreto*

**ESA NOCHE,** Omar invita a los otros peloteros a su cuarto. Todos conocen a Maurice. Maurice les cuenta su historia trágica. Todos escuchan seriamente. Maurice les cuenta:

— Pues, eran las cuatro y media de la tarde. Yo jugaba al fútbol con unos amigos. Hacía sol y mucho calor en mi pueblo, Petit-Goâve. Petit-Goâve es un pueblo pequeño. Está a cuarenta millas de la capital de Haití, Puerto Príncipe. Muchos en Petit-Goâve se conocen y son amigos. No tenemos mucho, pero somos felices. El día del terremoto, estábamos jugando al fútbol, cuando, de repente, la tierra empezó a temblar. Yo me caí. Después, mi casa se cayó. La gente corría y gritaba por todas partes. En unos minutos, yo vi que todas las casas estaban destruídas.

Maurice empieza a llorar. Hay un silencio entre los muchachos. De repente, un muchacho le dice:

— Explica más, si tú puedes, Maurice, por favor.

Maurice llora porque está muy triste. Finalmente, empieza a hablar:

— Por todas partes, mucha gente se murió. Era muy terrible.

Otro muchacho le pregunta:

— ¿Y tu familia, Maurice?

Después de una pausa larga, Maurice le responde:

— Mi familia se murió.

Los muchachos están muy sorprendidos y tristes. Otra vez hay un silencio en el cuarto. Después de unos minutos, un muchacho le dice:

— Maurice, nosotros queremos ayudarte. ¿Cómo llegaste tú al campamento? ¿Por qué estás aquí?

— La situación en Haití era muy terrible.

Entonces yo empecé a caminar a la República Dominicana. Yo quiero encontrar a mi familia dominicana. Necesito ayuda.

— ¿Dónde vive tu familia dominicana?

— La verdad es que yo no sé. No tengo mucha información. Ahora en Haití no hay teléfonos. No hay nada, ni comida ni agua. Entonces, yo salí de Haití.

Otra vez, Maurice empieza a llorar. Entonces, Omar les describe su conversación con Rodrigo:

— Oigan, muchachos, Rodrigo dice que Maurice no puede quedarse en el campamento.

¡No es justo! Nosotros tenemos que ayudarlo.

Esa noche, los muchachos esconden a Maurice en los cuartos. Durante el día, Maurice se queda en el cuarto, mientras ellos practican. A veces Maurice llora cuando está solo. Pero, cuando los muchachos terminan la práctica, él está un poco más contento. Todos hablan de sus vidas y hablan mucho de la pelota. A Maurice le gusta mucho.

Una noche, muy tarde, Maurice no puede

dormir. Él despierta a Omar, y le dice:

— Estoy triste, Omar. No puedo dormir. ¿Quieres
salir conmigo? Necesito hacer algo activo.

Omar le dice:

— Tengo una idea.

Omar recoge un bate y una pelota. Los dos
muchachos empiezan a caminar. Caminan y
caminan. Caminan lejos del campamento. Finalmente, llegan a un campo pequeño cerca de una
escuela primaria. Bajo la luz de la luna, Omar le
enseña a Maurice a jugar a la pelota. Le enseña
a tirar la pelota. Le enseña a golpear la pelota. Le
enseña a correr las bases. Le enseña a atrapar la
pelota. Por primera vez en dos semanas, Maurice está contento. Omar está sorprendido porque
Maurice juega muy bien a la pelota.

— Maurice, ¡tú juegas muy bien!—le dice Omar.

— Pues, Uds. hablan mucho de la pelota, y
yo escucho muy bien. También yo los veo
por la ventana, y copio su forma. ¡Yo quiero
jugar otra vez!

**TODAS LAS NOCHES** Omar y Maurice van al campo de la escuela y juegan. Maurice quiere saber más de la pelota. Omar le enseña la buena forma y la técnica. Maurice es muy atlético y aprende todo fácilmente. Se convierte en un buen pelotero. Cuando Omar le tira la pelota, Maurice la atrapa o golpea un jonrón. Cuando Omar le echa una carrera, Maurice gana. Es impresionante. A los dos les gusta mucho jugar a la pelota. Empiezan a ser buenos amigos. Cuando van por la noche, nadie los ve. Es un secreto. Nadie sabe del talento de Maurice, menos Omar.

Una noche, Omar y Maurice van al campo para jugar. Marcos no puede dormir y mira a los muchachos. Marcos también va al campo. Cuando llegan, los dos muchachos sacan un bate, una pelota y un guante de una mochila. Marcos tiene curiosidad. Él va detrás de un árbol para mirar. Marcos ve que Omar le enseña a Maurice a jugar. ¡Marcos no lo puede creer! Maurice tira muy bien la pelota. Maurice golpea muy lejos la pelota. También atrapa fácilmente la pelota. Maurice es muy bueno. A Marcos no le gusta la idea. ¡Está furioso! Está enojado también porque su hermano le ayuda a Maurice.

De repente, Marcos corre hacia los dos muchachos. Furiosamente, él empuja el pecho de su hermano y le grita:

— ¿Qué haces tú con este haitiano? ¡Traidor!
¡Estás arruinando todo! Yo soy tu hermano.
¿Qué haces con este idiota?

Omar no sabe qué hacer. Mira a Marcos, sorprendido. De repente, Marcos pierde control. Le pega a su hermano en la cara. Omar se cae al suelo. Maurice los interrumpe, y le dice a la cara de Marcos:

— ¡Tranquilo! Sólo jugamos, nada más.

— ¡No te creo! —responde Marcos, muy enojado.

Marcos empieza a correr al campamento. Le grita:

— ¿Sabes qué, Maurice? Yo voy a decirle todo a Rodrigo. ¡Tú vas a regresar a la calle!

# ⬧ CAPÍTULO 7
## *La mentira*

EL PRÓXIMO DÍA muy temprano, Marcos va a la oficina de Rodrigo. Quiere explicarle todo. Llama a la puerta, y le dice:

— Perdone. Tengo noticias importantes.

Rodrigo le contesta:

— No tengo tiempo ahora. Estoy muy ocupado. Regresa otro día.

— Rodrigo, es importante. ¡Este haitiano todavía está aquí! ¡Está comiendo aquí, está durmiendo aquí, está abusando de todo! ¡No es justo!

— ¿Quéééé? ¡Este haitiano todavía está aquí! ¡No puede ser! ¡No debe estar aquí!

Rodrigo sale de su oficina furiosamente. Quiere encontrar a Maurice. Lo busca por todas partes, pero no lo encuentra. Entra en el cuarto de Omar y le grita:

— ¿Dónde está ese haitiano? Yo sé que todavía está aquí. ¡Marcos me describió todo!

Omar no quiere decirle la verdad, y le dice una
mentira:

— No sé, Rodrigo. No tengo ni idea. No está
  aquí.

Rodrigo le responde:

— ¡Si Maurice todavía está aquí, yo te boto del
  campamento!

Más tarde, todos están comiendo en la cafetería. Rodrigo entra y anuncia que un buscón
importante de Miami llega en dos días. El buscón trabaja para un equipo norteamericano.

Rodrigo les dice a los muchachos:

— Uds. tienen que practicar mucho. Es muy
  importante.

Después, todos los muchachos están emocionados y también nerviosos. Todos practican
mucho. Todos quieren ir a los Estados Unidos
para jugar. Es su gran sueño.

Dos días después, el buscón de Miami llega al
campamento. Todos los muchachos corren, tiran
y batean mientras el buscón los mira. Maurice

también quiere mirar a sus amigos. Se esconde detrás de los árboles, cerca del campamento.

Mientras Maurice mira a todos, uno de los muchachos golpea un jonrón. Lo golpea muy lejos. La pelota llega a los pies de Maurice. Otro muchacho corre hacia Maurice y recoge la pelota. De repente, el muchacho ve a Maurice detrás de los árboles. Le dice:

— Oye, ¿qué haces aquí?

Maurice está nervioso, y le dice:

— Perdona, sólo estoy…

Todos los otros muchachos escuchan las voces cerca de los árboles. Corren hacia ellos. El buscón de Miami y Rodrigo también escuchan las voces. Corren hacia ellos también. Ven a Maurice. Cuando Rodrigo ve a Maurice, está muy enojado. Le grita:

— ¿Por qué todavía estás aquí? ¡Ésta no es tu casa! ¡No puedes estar aquí! ¡Vete!

Cuando Omar escucha esto, él defiende a su amigo y le dice a Rodrigo:

— ¡Este muchacho se escapó de Haití! No tiene
ni familia ni comida.

Omar mira al buscón de Miami, y le dice
directamente:

— Este muchacho tiene mucho talento.

Entonces, el buscón le dice a Maurice:

— A ver, ¿quieres jugar?

Rodrigo no quiere, pero le permite jugar. Primero, Maurice corre. Corre muy rápido. Después, Maurice tira la pelota. Tira la pelota muy
lejos. Finalmente, Maurice golpea la pelota.
¡Golpea un jonrón! Todos los muchachos aplauden y celebran. Todos están contentos, menos
Rodrigo y Marcos.

El buscón de Miami está impresionado con
Maurice, y quiere hablar con él.

— ¡Es todo por ahora! —Rodrigo les grita a los
otros muchachos.

Todos regresan a sus cuartos. Mientras va a su
cuarto, Marcos le pregunta a su hermano:

— Oye, ¿por qué defiendes a ese haitiano?

Ahora el buscón prefiere a Maurice. ¡Ahora no vamos a jugar en los Estados Unidos! ¡Tú eres idiota!

— ¡Y tú eres muy egoísta! ¡Tú sabes que él tiene talento natural! Sabes también que Maurice no tiene nada.

— ¿Y nosotros? ¿Qué tenemos nosotros?

— Nosotros tenemos familia. Tenemos comida. Tenemos una casa. Si no vamos a los Estados Unidos, siempre podemos regresar a casa.

— Tú siempre eres muy bueno, Omar. Pero, también eres muy idiota.

Marcos está muy enojado. Entra en el cuarto, y cierra la puerta en la cara de su hermano.

# ◈ CAPÍTULO 8
## *La sorpresa*

**UNOS MESES DESPUÉS,** Omar regresa a casa. Los buscones piensan que es muy bueno para las ligas menores dominicanas. Pero, Omar sabe que no tiene la pasión por el béisbol. Decide que su familia es más importante. Quiere ayudar a su papá en su trabajo. También siempre piensa en Carlota. Quiere estar cerca de ella.

Cuando Omar llega al pueblo, va a su casa y ve a sus padres. Después, va a la casa de Carlota con flores. Cuando Carlota abre la puerta, Omar le da las flores. También le da un beso grande. Los dos se abrazan, y ella le dice:

— Estoy muy contenta de verte, Omar.

— Yo también, Carlota.

— ¿Cómo estás ahora que estás aquí otra vez?

— Pues, me gusta jugar a la pelota, pero mi familia es más importante. Tú también eres más importante, mi amor.

Su hermano, Marcos, también regresa a casa, pero no quiere regresar. Marcos quiere jugar en los Estados Unidos y ser famoso y rico. Pero, hay un problema: su mala actitud. Nadie quiere ni jugar ni estar con Marcos. Un día en el campamento, Rodrigo critica a Marcos. Marcos está muy enojado. Él le pega a Rodrigo en la cabeza con una pelota. Rodrigo lo bota del campamento ese mismo día.

Cuando Marcos regresa a la casa de sus padres, tiene problemas con ellos. Siempre está enojado, tiene una mala actitud y no quiere trabajar. Trabaja unos meses en la fábrica de azúcar donde trabaja su papá. Pero, tiene problemas con la gente y con el jefe allí también. Un día el jefe le dice:

— ¡Estás despedido!

Después, Marcos decide que no tiene futuro en su pueblo pequeño. Sale del pueblo para la capital, Santo Domingo. Quiere empezar una vida nueva.

Desafortunadamente, Omar pierde contacto

con Maurice. Omar sabe que el buscón de Miami invita a Omar a jugar en otro campamento. El campamento está en la República Dominicana, pero es un campamento más profesional y más competitivo. Omar piensa frecuentemente en su amigo, Maurice. Quiere saber dónde está, y si juega a la pelota profesionalmente.

Pasa un año. Cuando Omar llega a casa un día, ve una carta. La carta es de los Estados Unidos. Abre la carta y la empieza a leer:

*Hola Omar:*

*Yo te escribo de Peoria, Illinois. Peoria es un pueblo en el centro de los Estados Unidos. Yo juego con un equipo profesional de las ligas menores. ¡Ahora tu sueño es mi sueño!*

*Tengo una vida nueva aquí en Peoria. Vivo con una familia norteamericana. Tengo amigos y una novia. I even speak a little English!*

*Siempre pienso en ti. ¿Cómo estás? ¿Y tu familia? ¿Estás jugando a la pelota?*

*Ahora yo estoy contento. Pero, pienso en mi familia y en la tragedia en Haití todos los días. En el futuro, quiero abrir un campamento de béisbol en Haití. También quiero regresar a Petit-Goâve para ayudar a la gente de mi pueblo otra vez. Mi gente todavía sufre mucho. ¿Quieres ayudarme?*

*Muchas gracias por defenderme en el campamento. Tú eres muy importante para mí y un buen amigo.*

*Escríbeme pronto. Quiero saber de tu vida. ¡Dile hola a Carlota!*

*Tu amigo, Maurice*

Omar está muy contento después de leer la carta de su amigo. Quiere ver a Maurice. Después de leer la carta, Omar sale de la casa. Ve a unos niños jugando a vitilla. Piensa en su hermano. Piensa en Carlota. También piensa en su amigo, Maurice. Empieza a reírse un poco, y va a jugar con los niños en la calle.

# ◆ Cognados

## A

**abusando** *taking advantage, abusing (abusar)*

**actitud** *attitude*

**activo** *active*

**admiran** *they admire (admirar)*

**adolescentes** *adolescents, teenagers*

**anuncia** *he/she announces (anunciar)*

**apartamento** *apartment*

**aplauden** *they applaud (aplaudir)*

**arruinando** *ruining (arruinar)*

**atención** *attention*

**atlético** *athletic*

**autobús** *bus*

## B

**bebé** *baby*

**béisbol** *baseball*

**botella** *bottle*

## C

**cafetería** *cafeteria*

**candidatos** *candidates*

**capital** *capital*

**celebran** *they celebrate (celebrar)*

**centro** *center*

**clases** *classes*

**colonia** *cologne, aftershave*

**compañía** *company*

**competencia** *competition*

**competitivos** *competitive*

**comprendo** *I understand, comprehend (comprender)*

**comunes** *common*

**conectado** *connected*

**confundido** *confused*

**contacto** *contact*

**contento/a/s** *contented, happy*

**continúa** *he/she continues (continuar)*

**continuar** *to continue*

**control** *control*

**conversación** *conversation*

**(se) convierte** *he/she converts, becomes (convertirse)*

**copio** *I copy (copiar)*

**costa** *coast*

**critica** *he/she criticizes (criticar)*

**curiosidad** *curiosity*

## D

**decide** *he/she decides (decidir)*

**deciden** *they decide (decidir)*

defender   *to defend*

defiende   *he/she defends (defender)*

defiendes   *you defend (defender)*

desafortunadamente   *unfortunately*

¡describan!   *describe! (describir)*

describe   *he/she describes (describir)*

describió   *he/she described (describir)*

desodorante   *deodorant*

destruído/a/s   *destroyed*

directamente   *directly*

director   *director*

dominicano/a/s   *Dominican*

# E

emoción   *emotion*

energía   *energy*

entra   *he/she enters (entrar)*

entran   *they enter (entrar)*

(se) escapó   *he/she escaped (escaparse)*

espacio   *space*

estadios   *stadiums*

Estados Unidos   *USA*

estrés   *stress*

estricta   *strict*

estudios   *studies*

estudian   *they study (estudiar)*

estudiar   *to study*

expertos   *expert*

explica   *he/she explains (explicar)*

¡explica!   *explain! (explicar)*

explican   *they explain (explicar)*

explicar   *to explain*

expresiones   *expressions*

# F

fama   *fame*

familia   *family*

famoso/s   *famous*

fans   *fans*

favorito   *favorite*

finalmente   *finally*

forma   *form*

frecuentemente   *frequently*

furiosamente   *furiously*

furioso   *furious*

futuro   *future*

# G

grupo   *group*

# H

habitantes   *inhabitants*

haitiano/a/s   *Haitian/s*

historia   *history, story*

hora   *hour*

horrible   *horrible*

# I

idea   *idea*

idiota   *idiot, stupid person*

(se) imagina   *he/she imagines (imaginarse)*

¡imagínense! *imagine!*
  *(imaginarse)*

(le) importa *is important to
  him/her (importar)*

importante/s *important*

impresionado *impressed*

impresionante *impressive*

impresionar *to impress*

increíble *incredible*

industria *industry*

información *information*

intensamente *intensely*

interrumpe *he/she
  interrupts (interrumpir)*

invita *he/she invites (invitar)*

isla *island*

# M

mamá *mom*

micrófono *microphone*

minutos *minutes*

momento *moment*

mucho/a/s *much, a lot, many*

# N

nacional *national*

natural *natural*

negativo/a *negative*

nervioso/a/s *nervous*

norteamericano/a/s
  *North American/s*

número *number*

nutrición *nutrition*

# O

obsesionada *obsessed*

obviamente *obviously*

obvio *obvious*

ocupado *occupied, busy*

oficial *official*

oficina *office*

opinión *opinion*

oportunidad *opportunity*

# P

papá *dad*

pasa *he/she/it passes, spends
  time (pasar)*

pasamos *we passed, spent time
  (pasar)*

pasan *they pass, spend time
  (pasar)*

pasión *passion*

paso por *I pass, go through
  (pasar)*

pausa *pause*

¡perdona/e! *pardon!, excuse me!
  (perdonar)*

perfecto/s *perfect*

permite *he/she permits
  (permitir)*

permiten *they permit (permitir)*

plan *plan*

plato *plate, dish*

posible *possible*

posición *position*

práctica *practice*

practicamos *we practice
  (practicar)*

practican *they practice*
(practicar)

practicar *to practice*

prefiere *he/she prefers (preferir)*

prepara *he/she prepares*
(preparar)

primaria *primary*

problema *problem*

profesional/es *professional/s*

profesionalmente *professionally*

pronunciar *to pronounce*

# R

radio *radio*

rápidamente *rapidly*

rápido/s *fast*

reacción *reaction*

realmente *really*

repiten *they repeat (repetir)*

repito *I repeat (repetir)*

República Dominicana
*Dominican Republic*

respeto *respect*

responde *he/she responds,*
*answers (responder)*

rico/s *rich*

romántico/a *romantic*

rutina *routine*

# S

secreto *secret*

seriamente *seriously*

(en) serio *seriously*

silencio *silence*

sinceramente *sincerely*

sirve *he/she serves (servir)*

situación *situation*

sufre *he/she suffers (sufrir)*

sufrió *he/she suffered (sufrir)*

súper *super*

# T

talento *talent*

talentosos *talented*

técnica *technique*

teléfono *telephone*

terrible *terrible*

tímido *timid*

típico *typical*

tragedia *tragedy*

trágica *tragic*

traidor *traitor*

¡tranquilo! *calm down!*

tropical *tropical*

# U

usan *they use (usar)*

# V

varios *various, several*

velocidad *velocity, speed*

versión *version*

# ◆ *Vocabulario*

## A

**abierta**   *open*

**abrazan**   *they hug (abrazar)*

**abre**   *he/she opens (abrir)*

**abrir**   *to open*

**adiós**   *goodbye*

**afuera**   *outside*

**agarra**   *he/she grabs, catches (agarrar)*

**agua**   *water*

**ahora**   *now*

**al final**   *at the end*

**algo**   *something*

**allí**   *there*

**alto**   *tall*

**amable**   *nice*

**amigo/a/s**   *friend/s*

**amor**   *love*

**antes, antes de**   *before*

**año**   *year*

**aprende**   *he/she learns (aprender)*

**aprenden**   *they learn (aprender)*

**aprender**   *to learn*

**árbol**   *tree*

**(se) arregla**   *he/she gets ready (arreglarse)*

**(se) arreglan**   *they get ready (arreglarse)*

**aquí**   *here*

**arroz**   *rice*

**así, así que**   *so, so that*

**atentamente**   *attentively*

**ayuda**   *help*

**ayuda**   *he/she helps (ayudar)*

**ayudar**   *to help*

## B

**bajo**   *under*

**bajo/a**   *short*

**(se) baña**   *he/she takes a bath (bañarse)*

**baño**   *bathroom*

**barrio**   *neighborhood*

**basta ya**   *it's enough already*

**beso**   *kiss*

**bien**   *well*

**bienvenidos**   *welcome*

**bonito/a/s**   *pretty*

**bota**   *he/she throws out (botar)*

**boto**   *I throw out (botar)*

**brazo**   *arm*

**brisa**   *breeze*

**bueno/a/s**   *good*

**busca**   *he/she looks for (buscar)*

**buscan**   *they look for (buscar)*

**buscar**   *to look for*

**busco**   *I look for (buscar)*

# C

cabeza   head

(se) cae   he/she/it falls down (caerse)

(me) caí   I fell down (caerse)

caliente   hot

calle   street

camas   bed

caminan   they walk (caminar)

caminar   to walk

caminé   I walked (caminar)

camión   truck

camiseta   T-shirt

canción   song

cansado/a/s   tired

canta   he/she sings (cantar)

cantar   to sing (cantar)

caña de azúcar   sugar cane

cara   face

carne   meat

caros   expensive

carrera   race

carta   letter

casa   house

(se) cayó   he/she/it fell down (caerse)

(se) cepilla   he/she brushes (cepillarse)

cepillo   brush

cerca, cerca de   near

chévere/s   great, terrific

cierra   he/she closes (cerrar)

ciudad   city

claro   of course

cocina   kitchen

colegio   high school

come   he/she eats (comer)

comen   they eat (comer)

comer   to eat

comida   food, meal

comiendo   eating (comer)

como   like, as

con   with

conmigo   with me

conoce   he/she knows; you know (conocer)

conocen   they know, meet (conocer)

conocer   to know

conoces   you know (conocer)

conocía   he/she knew (conocer)

conozco   I know (conocer)

contesta   he/she answers (contestar)

contigo   with you

corre   he/she runs (correr)

corren   they run (correr)

correr   to run

corría   he/she ran, were running (correr)

cosa   thing

costumbres   customs

creer   to believe

creo   I think, believe (creer)

criollo   Creole, language combining a European language with another language

cuando   when

cuarenta   forty

cuarto   *room*

cuatro   *four*

cuenta   *he/she tells (contar)*

cuida   *he/she takes care of (cuidar)*

cuidar   *to take care of*

¡cuide!   *take care of! (cuidar)*

# D

da   *he/she gives (dar)*

dar   *to give*

de   *of, from*

de color café   *brown (eyes)*

de oro   *golden*

de repente   *suddenly*

debe   *he should (deber)*

deben   *they should (deber)*

decir   *to say, tell*

deporte   *sport*

desconocido   *unknown*

despedido   *fired*

despierta   *he/she wakes up (despertar)*

(se) despiertan   *they wake up (despertarse)*

después, después de   *after*

detrás de   *behind*

¡di!   *say, tell! (decir)*

día   *day*

dice   *he/she says, tells (decir)*

dicen   *they say, tell (decir)*

dices   *you say, tell (decir)*

dieciséis   *sixteen*

diecisiete   *seventeen*

dientes   *teeth*

difícil   *difficult*

dinero   *money*

dirección   *address*

domingo   *Sunday*

dormir   *to sleep*

dos   *two*

doscientos   *two hundred*

duermen   *they sleep (dormir)*

(se) duermen   *they fall asleep (dormirse)*

duermes   *you sleep (dormir)*

duermo   *I sleep (dormir)*

dulce   *sweet*

durante   *during*

durmiendo   *sleeping (dormir)*

# E

echa carreras   *he/she runs races (echar carreras)*

echamos carreras   *we ran races (echar carreras)*

echan carreras   *they run races (echar carreras)*

egoísta   *selfish*

emocionado/a/s   *excited*

empecé   *I began (empezar)*

empezar   *to begin*

empezó   *he/she/it began (empezar)*

empieza   *he/she/it begins (empezar)*

empiezan   *they begin (empezar)*

empleado   *employee*

**empuja** *he/she pushes (empujar)*

**en** *in, on, at, about*

**(les) encanta** *they love (encantar)*

**encontrar** *to find*

**encuentra** *he/she finds (encontrar)*

**enfocado** *focused*

**enojado/a/s** *angry*

**enseña** *he/she teaches (enseñar)*

**entonces** *then, next*

**entre** *between, among*

**entrenamos** *we train (entrenar)*

**entrenan** *they train (entrenar)*

**entrenando** *training (entrenar)*

**entreno** *I train (entrenar)*

**era** *he/she/it was (ser)*

**eran** *they were (ser)*

**eres** *you are (ser)*

**es** *he/she/it is, you are (ser)*

**(se) esconde** *he/she hides (esconderse)*

**esconden** *they hide (esconder)*

**¡escriban!** *write! (escribir)*

**escribe** *he/she writes (escribir)*

**¡escribe!** *write! (escribir)*

**escribir** *(to write)*

**escribo** *I write (escribir)*

**escucha** *he/she listens to, hears (escuchar)*

**¡escucha!** *listen! (escuchar)*

**escuchan** *they listen to, hear (escuchar)*

**escuchar** *to hear, listen to*

**¡escuchen!** *listen! (escuchar)*

**escucho** *I listens to, hear (escuchar)*

**escuela** *school*

**eso** *that*

**español** *Spanish*

**espejo** *mirror*

**esposo/a** *husband, wife*

**está** *he/she/it is (estar)*

**estábamos** *we were (estar)*

**estaban** *they were (estar)*

**están** *they are (estar)*

**estar** *to be*

**estás** *you are (estar)*

**esto** *this*

**estoy** *I am (estar)*

**extraño/a** *weird, strange*

# F

**fábrica de azúcar** *sugar cane factory*

**fácil** *easy*

**fácilmente** *easily*

**feliz/felices** *happy*

**flaco** *thin*

**flores** *flowers*

**francés** *French*

**fresco** *cool*

**fue** *he/she/it was (ser)*

**fuera de** *outside*

**fuerte** *strong*

**fútbol** *soccer*

# G

**gana** *he/she wins (ganar)*

**ganar** *to win; earn money*

**ganas** *you win (ganar)*

**gente** *people*

**golpe** *bump*

**gordito** *overweight*

**gracias** *thank you*

**grande** *big, large*

**grita** *he/she shouts (gritar)*

**gritaba** *he/she shouted, were shouting (gritar)*

**gritan** *they shout (gritar)*

**gritando** *shouting (gritar)*

**gritar** *to shout*

**(me) gusta/n** *I like (gustar)*

**(le/les) gusta** *he/she/they like (gustar)*

# H

**había** *there was, were (haber)*

**habichuelas** *beans*

**habla** *he/she speaks, talks (hablar)*

**hablamos** *we speak, talk; we spoke, talked (hablar)*

**hablan** *they, you (pl.) speak, talk (hablar)*

**hablando** *speaking, talking (hablar)*

**hablar** *to speak, talk*

**hablas** *you speak, talk (hablar)*

**hablo** *I speak (hablar)*

**hace** *he/she does, makes (hacer)*

**hace calor** *it is hot (hacer)*

**hacer** *to do, make*

**haces** *you do, make (hacer)*

**hacia** *towards*

**hacía sol/calor** *it was hot/sunny (hacer)*

**hay** *there is, are (haber)*

**hermano/a** *brother, sister*

**hijo/a/s** *son, daughter, children*

**hola** *hello*

**hombre** *man*

**hoy** *today*

# I

**idioma** *language*

**inglés** *English*

**ir** *to go*

# J

**jabón** *soap*

**jefe** *boss*

**joven** *young*

**jóvenes** *young people*

**juega** *he/she plays (sport) (jugar)*

**juegan** *they/you (pl.) play (sport) jugar*

**juegas** *you play (sport) (jugar)*

**juego** *I play (sport) (jugar)*

**jugaba** *I played, was playing (sport) (jugar)*

**jugamos** *we play; played (sport) (jugar)*

**jugando** *playing (sport) (jugar)*

**jugar** *to play (sport)*

**juntos**   *together*

**justo**   *fair*

# L

**largo/a**   *long*

**(se) lava**   *he/she washes (lavarse)*

**leer**   *to read*

**lejos, lejos de**   *far*

**(se) levanta**   *he/she gets up (levantarse)*

**(se) levantan**   *they get up (levantarse)*

**leyendo**   *reading*

**libro**   *book*

**limpio**   *clean*

**lindo/a/s**   *pretty, cute*

**llama**   *he/she calls (llamar)*

**(se) llama**   *his/her name is (llamarse)*

**(se) llaman**   *their, your names are (llamarse)*

**llamar**   *to call*

**(te) llamas**   *your name is (llamarse)*

**(me) llamo**   *my name is (llamarse)*

**llamo**   *I call (llamar)*

**llega**   *he/she/it arrives (llegar)*

**llegan**   *they arrive (llegar)*

**llegaste**   *you arrived (llegar)*

**llego**   *I arrive (llegar)*

**llora**   *he/she cries (llorar)*

**llorar**   *to cry*

**loco**   *crazy*

**luna**   *moon*

**luz**   *light*

# M

**madre**   *mother*

**maestro**   *teacher*

**malo/a/s**   *bad*

**mano**   *hand*

**mañana**   *tomorrow*

**(por la) mañana**   *in the morning*

**mariposas**   *butterflies*

**más**   *more*

**más…que**   *more…than*

**(el) mayor**   *the oldest*

**media**   *half*

**mejor**   *better*

**(el, la) mejor, (los, las) mejores**   *best*

**menos**   *except*

**mentira**   *lie*

**mesa**   *table*

**meses**   *months*

**mientras**   *while*

**mil**   *thousand*

**millas**   *miles*

**mira**   *he/she watches, looks at (mirar)*

**(se) mira**   *he/she looks at himself/herself (mirarse)*

**miraba**   *he/she watched, was looking at (mirar)*

**miran**   *they watch, look at (mirar)*

**mirando** *watching, looking at (mirar)*

**mirar** *to watch, look at*

**¡mire!** *look! (mirar)*

**mismo/a/s** *same*

**mochila** *backpack*

**moreno/a** *dark-haired, dark-complexioned*

**muchacho/a/s** *boy/s, girl/s*

**mucho/a/s** *much, many, a lot*

**muertos** *dead*

**mundo** *world*

**(se) murieron** *they died (morirse)*

**(se) murió** *he/she died (morirse)*

**muy** *very*

# N

**nada** *nothing*

**nadie** *no one, nobody*

**necesita** *he/she needs (necesitar)*

**necesito** *I need (necesitar)*

**ni idea** *no idea*

**ni...ni** *neither...nor*

**niños** *children*

**noche** *night*

**nombre** *name*

**noticias** *news*

**novio/a** *boyfriend, girlfriend*

**nueva/o/s** *new*

**nunca** *never*

# O

**ocho** *eight*

**¡oigan!** *listen! (oír)*

**ojos** *eyes*

**otro/a/s** *other, another, others*

**¡oye!** *listen!, hey! (oír)*

# P

**padres** *parents*

**pagar** *to pay for*

**palo** *stick*

**pan** *bread*

**papel** *paper*

**para** *for, in order to*

**(¿Qué) pasa?** *What's happening? (pasar)*

**(¿Qué) pasó?** *What's happened? (pasar)*

**paso** *step*

**pecho** *chest*

**pega** *he/she hits (pegar)*

**pelo** *hair*

**pequeño** *small*

**perder** *to lose*

**pero** *but*

**piensa** *he/she thinks (pensar)*

**piensan** *they think (pensar)*

**piensas** *you think (pensar)*

**pienso** *I think (pensar)*

**pierde** *he/she loses (perder)*

**pies** *feet*

**playa** *beach*

**pobre/s** *poor*

**poco**   *a little*

**podemos**   *we can (poder)*

**(se) pone**   *he/she puts on (ponerse)*

**ponen**   *they put (poner)*

**por**   *for, through*

**por ejemplo**   *for example*

**por favor**   *please*

**porque**   *because*

**por todas partes**   *everywhere*

**postre**   *dessert*

**pregunta**   *question*

**pregunta**   *he/she asks (preguntar)*

**preocupado/a/s**   *worried*

**(¡no se) preocupen!**   *don't worry! (preocuparse)*

**presentar**   *to introduce*

**primer/o/a**   *first*

**pronto**   *soon*

**propio/s**   *own*

**próximo**   *next*

**pueblo**   *town*

**puedas**   *you may be able (poder)*

**puede**   *he/she can, is able (poder)*

**puedes**   *you can, are able (poder)*

**puedo**   *I can, am able (poder)*

**puerta**   *door*

**pues**   *well, then*

# Q

**que**   *that, who*

**¿Qué tal?**   *How are you?*

**(se) queda**   *he/she stays (quedarse)*

**quedarse**   *to stay*

**queremos**   *we want (querer)*

**querido/a/s**   *loving, dear*

**quiere**   *he/she wants (querer)*

**quieren**   *they, you (pl.) want (querer)*

**quieres**   *you want (querer)*

**quiero**   *I want (querer)*

# R

**realizar**   *to accomplish*

**recoge**   *he/she picks up (recoger)*

**recogen**   *they pick up (recoger)*

**reconozco**   *I recognize (reconocer)*

**recuerdas**   *you remember (recordar)*

**regresa**   *he/she returns (regresar)*

**¡regresa!**   *return! (regresar)*

**regresan**   *they return (regresar)*

**regresar**   *to return (regresar)*

**reírse**   *to laugh*

**rojo**   *red*

**ropa**   *clothing*

# S

**sábado**   *Saturday*

**sabe**   *he/she knows (saber)*

**sabemos**   *we know (saber)*

saben *they, you (pl.) know* (saber)

saber *to know*

sabes *you know (saber)*

sacan *they take out (sacar)*

sale *he/she leaves (salir)*

salen *they leave (salir)*

salí *I left (salir)*

salir *to leave*

salones de clases *classrooms*

sé *I know (saber)*

(se) seca *he/she dries (secarse)*

seis *six*

semana *week*

señor, Sr. *Mr.*

señora, Sra. *Mrs.*

ser *to be*

si *if*

sí *yes*

siempre *always*

(se) sienta *he/she sits down* (sentarse)

(se) sientan *they sit down* (sentarse)

(lo) siento *I'm sorry (sentir)*

sin *without*

solo *alone*

sólo, solamente *only*

somos *we are (ser)*

son *they, you (pl.) are (ser)*

sonrisa *smile*

sorprendida/o/s *surprised*

sorpresa *surprise*

soy *I am (ser)*

sucia *dirty*

suelo *ground, floor*

sueño *dream*

# T

también *too, also*

tapa *top, cap*

tarde *late*

(de la) tarde *afternoon*

tarjeta *card*

temblar *to shake*

temprano *early*

tenemos *we have*

tener *to have*

tener...años *to be...years old*

tener éxito *to be successful*

tener hambre *to be hungry*

tener que *to have to*

tener razón *to be right*

tener sed *to be thirsty*

tener sueño *to be tired*

tener vergüenza *to be embarrassed*

tengo *I have (tener)*

terminan *they end (terminar)*

terremoto *earthquake*

tiempo *time*

tiene *he/she has (tener)*

tienen *they, you (pl.) have* (tener)

tienes *you have (tener)*

tierra *earth, land*

(se) toca *he/she touches* (tocarse)

**todavía**   *still, yet*

**todo/a/s**   *all*

**¡toma!**   *take! (tomar)*

**toman**   *they take (tomar)*

**tomé**   *I took (tomar)*

**trabaja**   *he/she works (trabajar)*

**trabajan**   *they work (trabajar)*

**trabajar**   *to work*

**trabajo**   *work*

**triste/s**   *sad*

**tristeza**   *sadness*

**tropieza**   *he/she trips (tropezar)*

# V

**va**   *he/she/it goes (ir)*

**(se) va**   *he/she goes away (irse)*

**vamos**   *we go (ir)*

**(nos) vamos**   *we go away (irse)*

**vamos a + inf.**   *we are going to… (ir)*

**van**   *they go (ir)*

**(se) van**   *they go away (ir)*

**van a + inf.**   *they/you (pl.) are going to… (ir)*

**vas**   *you go (ir)*

**ve**   *he/she sees (ver)*

**(a) veces**   *at times*

**vecinos**   *neighbors*

**(nos) vemos**   *we'll see each other (ver)*

**ven**   *they see (ver)*

**¡ven/vengan!**   *come! (venir)*

**ventana**   *window*

**veo**   *I see (ver)*

**ver**   *to see*

**(a) ver**   *let's see*

**verdad**   *truth*

**verduras**   *vegetables*

**ves**   *you see (ver)*

**¡vete!**   *go away! (irse)*

**vez**   *time, occasion*

**vi**   *I saw (ver)*

**viajo**   *I travel (viajar)*

**vida**   *life*

**viejo/a**   *old*

**vive**   *he/she lives (vivir)*

**viven**   *they live (vivir)*

**vives**   *you live (vivir)*

**vivimos**   *we live (vivir)*

**vivo**   *I live  (vivir)*

**voy a + inf.**   *I am going to… (ir)*

**voz/voces**   *voice/s*

**vuelan**   *they fly (volar)*

# Y

**y**   *and*

# Z

**zapatos**   *shoes*

# ◈ *Información adicional*

## ACKNOWLEDGEMENTS

This book is dedicated to Maurice Bonhomme, Jean Cayemitte, and many others, who inspired New Trier High School's Petit-Goâve Earthquake Relief Fund. To learn more about this project and contribute to their on-going efforts, visit newtrier.k12.il.us/haitiproject.aspx.

## ABOUT THE AUTHORS

JJ Hill, Marissa Rubin, and Roberta Price have 50 years of combined experience teaching Spanish at the high school level. Colleagues at New Trier High School in Winnetka, Illinois, they are excited to share their first novel with you.

Made in the USA
Charleston, SC
28 July 2014